BEI GRIN MACHT SICH IHR WISSEN BEZAHLT

AF151101

- Wir veröffentlichen Ihre Hausarbeit, Bachelor- und Masterarbeit

- Ihr eigenes eBook und Buch - weltweit in allen wichtigen Shops

- Verdienen Sie an jedem Verkauf

Jetzt bei www.GRIN.com hochladen und kostenlos publizieren

Ines Träder

Methoden der intuitiven Prognose: Methoden, Einsatzgebiete, Beurteilung

Kurzer Überblick und Darstellung an ausgewählten Methoden

GRIN Verlag

Bibliografische Information der Deutschen Nationalbibliothek:

Die Deutsche Bibliothek verzeichnet diese Publikation in der Deutschen National-
bibliografie; detaillierte bibliografische Daten sind im Internet über http://dnb.d-
nb.de/ abrufbar.

Impressum:

Copyright © 2008 GRIN Verlag, Open Publishing GmbH
Druck und Bindung: Books on Demand GmbH, Norderstedt Germany
ISBN: 978-3-656-01107-1

Dieses Buch bei GRIN:

http://www.grin.com/de/e-book/158955/methoden-der-intuitiven-prognose-
methoden-einsatzgebiete-beurteilung

GRIN - Your knowledge has value

Der GRIN Verlag publiziert seit 1998 wissenschaftliche Arbeiten von Studenten, Hochschullehrern und anderen Akademikern als eBook und gedrucktes Buch. Die Verlagswebsite www.grin.com ist die ideale Plattform zur Veröffentlichung von Hausarbeiten, Abschlussarbeiten, wissenschaftlichen Aufsätzen, Dissertationen und Fachbüchern.

Besuchen Sie uns im Internet:

http://www.grin.com/

http://www.facebook.com/grincom

http://www.twitter.com/grin_com

Ines Träder

Referat

Thema:

Methoden der intuitiven Prognose: Durchführung, Einsatzgebiete, Beurteilung

Referat, vorgelegt zum Modul MKG02

Dresden, 22. April 2008

1. Einleitung 3

1.1 Problemstellung und Zielsetzung 3

1.2 Aufbau der Arbeit 3

2. Begriffsbestimmungen 4

2.1 Herleitung des Begriffs der intuitiven Prognose und ihrer Methoden 4

2.2 Charakterisierung 4

3. Intuitive Prognosemethoden 5

3.1 Übersicht über intuitive Prognosemethoden und Versuch ihrer Einteilung 5

3.2 Vorstellung ausgewählter Methoden der intuitiven Prognose 6

    3.2.1 Die Analogie-Methode 6

    3.2.2 Die Delphi-Methode 7

    3.2.3 Die Szenario-Methode 9

3.3 Möglichkeiten und Grenzen intuitiver Prognosemethoden 11

4 Schlussbemerkungen/Fazit 12

1. Einleitung

1.1 Problemstellung und Zielsetzung

Die heutige Zeit ist durch ein wachsendes Tempo gesellschaftlicher und wirtschaftlicher Veränderungen, einen rasanten technischen Fortschritt und die zunehmende Globalisierung gekennzeichnet. Die Veränderungen in der Welt finden unaufhaltsam und in immer kürzeren Abständen statt. Planungen in die Zukunft sind damit schwerer möglich. So sind die Unternehmen mehr denn je von ihrem äußeren Umfeld abhängig. Andererseits ist es für den Erfolg eines Unternehmens im immer schärfer werdenden Wettbewerb um so wichtiger, Chancen und Risiken rechtzeitig erkennen und mögliche Entwicklungen und Tendenzen auf dem Markt abschätzen zu können. In die Planung einer Unternehmensentwicklung müssen, neben innerbetrieblichen Faktoren, also vor allen Dingen Umfeldfaktoren einbezogen werden, damit Veränderungen kalkulierbar werden. Deshalb werden Prognosen erstellt. Anhand dieser Prognosen werden Entscheidungen getroffen und Strategien erstellt, die dann mit Maßnahmen unterlegt werden.

Ziel dieser Arbeit ist es, intuitive Prognosemethoden - ihre Handhabung und Durchführung, wesentliche Anwendungsgebiete, ihre Stärken und Schwächen - aufzuzeigen und daraus die entsprechenden Schlussfolgerungen zu ziehen. Es geht um die Frage, wofür intuitive Prognosemethoden geeignet sind, wo ihre Möglichkeiten und Grenzen liegen.

1.2 Aufbau der Arbeit

Im ersten Kapitel wurde mit einer allgemeinen Darstellung der Notwendigkeit, Prognosen zu erstellen, und einer kurzen Erläuterung des Ziels dieser Arbeit in die Thematik eingeführt.

Im folgenden Kapitel werden die Grundbegriffe als Voraussetzung für die Erarbeitung der Materie hergeleitet, gegen andere abgegrenzt und anschließend charakterisiert.

Im dritten Kapitel werden - nach einem kurzen Abriss über mögliche Klassifikationen - drei ausgewählte intuitive Prognosemethoden vorgestellt. Sie werden in ihrer Durchführung beschrieben, Anwendungsgebiete aufgezählt und wesentliche Vor- und Nachteile genannt. Abschließend erfolgt die kritische Würdigung intuitiver Prognosemethoden.

Die Arbeit endet mit dem vierten Kapitel, in welchem die wichtigsten Erkenntnisse noch einmal zusammengefasst werden und ein Fazit gezogen wird.

2. Begriffsbestimmungen

2.1 Herleitung des Begriffs der intuitiven Prognose und ihrer Methoden

Unter einer Prognose wird im Allgemeinen eine Vorhersage verstanden. Schneck[1] definiert sie als das Wahrscheinlichkeitsurteil über das Auftreten von künftigen Ereignissen, welche auf Beobachtungen der Vergangenheit und einer möglicherweise nur wenig ausgeprägten Erklärungstheorie und einer Annahme über die Fortsetzung der Beobachtung beruhen. Eine Prognose ist somit eine Schätzung und hat deshalb keinen Anspruch auf eine 100%ige Exaktheit.

Um Prognosen erstellen zu können, bedarf es geeigneter Verfahren und Methoden. Unter einer Prognosemethode soll das planmäßige Vorgehen zur Erstellung einer Prognose verstanden werden.[2]

Es gibt eine Fülle an Prognosemethoden, die sich vielfältig einteilen lassen. Nimmt man eine Untergliederung nach dem Inhalt vor, so wird in der Literatur in quantitative und qualitative Prognosemethoden unterschieden.

Bei qualitativen Prognosen werden bestimmte Zusammenhänge oder Entwicklungen vorausgesagt. Sie basieren meist nicht auf Daten oder Zahlen. Für ihre Erstellung werden Heuristiken zugrunde gelegt.[3] Bei quantitativen Prognosen werden Zahlenangaben bezüglich zu erwartender Entwicklungen gemacht. Es werden Beobachtungswerte mit Hilfe mathematischer Gleichungssysteme verknüpft.[4] Quantitative Prognosen schließen also qualitative Aussagen ein.[5]

Qualitative Prognosen werden, neben anderen Synonymen, auch als intuitive Prognosen bzw. Methoden bezeichnet.

2.2 Charakterisierung

Intuition beruht vor allem auf unserem Wissen und unseren Erfahrungen, die im Unterbewusstsein gespeichert sind. Vor allem die Erfahrungen, die emotionaler Art sind, hängen von unserer ganz eigenen Persönlichkeitsstruktur und damit unserer subjektiven Wahrnehmung ab. Insofern ist Intuition nie objektiv und nicht rein rational. Hierin liegen einerseits Chancen, ganz neue Wege zu gehen und sich vom konventionellen Denken zu lösen, aber auch Risiken, sich in subjektiven Denkweisen zu verfangen und Dinge zu einseitig zu betrachten. Dies gilt auch für die intuitive Prognose.

---

[1] vgl. Schneck, Ottmar, Lexikon der Betriebswirtschaft (CD), 1999, Wortsuche Prognose
[2] vgl. Umminger, Peter, Prognoseverfahren im Produktmarketing, 1990, Seite 16
[3] vgl. Pepels, Werner, Market Intelligence, 2007, Seite 314
[4] vgl. Pepels, Werner, Market Intelligence, 2007, Seite 314
[5] vgl. Henschel, H., Wirtschaftsprognosen, in Umminger, Peter, Prognoseverfahren im Produktmarketing, 1990, S. 15

Hausmann charakterisiert die intuitive Prognose mit folgenden Eigenschaften[6]: Die ihr zugrunde liegende Theorie ist nur schwach ausgebildet und/oder enthält viele subjektive, also nicht unmittelbar nachprüfbare Elemente. Statistisch-mathematische Instrumente treten in ihrer Bedeutung zurück und der Einsatz von Experten ist stark verbreitet.

Intuitive Prognosemethoden werden vor allem dann angewendet, wenn eine quantitative Datengrundlage nicht oder nur ungenügend gegeben ist. Ihr Resultat ist kein konkretes zahlenmäßiges Ergebnis, sondern eine Entwicklungsrichtung bzw. eine Tendenz oder eine Vorhersage, dass ein bestimmtes Ereignis eintritt.[7] Eine prognostizierte künftige Entwicklung wird danach z. B. nicht in Prozent angegeben, sondern lediglich eine künftige positive, negative oder neutrale Entwicklungstendenz festgestellt.

3. Intuitive Prognosemethoden

3.1 Übersicht über intuitive Prognosemethoden und Versuch ihrer Einteilung

Intuitive Prognosemethoden lassen sich vielfältig gliedern. So werden sie z. B. in trend- und ereignisorientierte Prognosemethoden[8] eingeteilt; eine feinere Untergliederung wird in der Literatur z. B. in folgende fünf Kategorien[9] vorgenommen:

⇨ Erhebungsmethoden der empirischen Sozialforschung wie z. B. Befragung, Beobachtung, Experiment mit einer Unterscheidung in Primär- und Sekundärforschung zum Erfassen von Trends und Entwicklungen der Gesellschaft,

⇨ Methoden der Ideenfindung (teilweise auch als intuitive Methoden im engeren Sinn bezeichnet), also Kreativitätstechniken wie z. B. Brainwriting, Methode 635 usw., die für die Erstellung von Entwicklungsprognosen im technologischen bzw. sozio-technologischen Bereich eine Rolle spielen,

⇨ Methoden, die einen Zusammenhang zwischen zeitversetzten Situationen herstellen und ähnliche Systeme vergleichen (Indikator-, Analogieverfahren),

---

[6] vgl. Hansmann, K.-W., Kurzlehrbuch Prognoseverfahren, in Umminger, Peter, Prognoseverfahren im Produktmarketing, 1990, Seite 17

[7] vgl. Hüttner, Manfred, Prognoseverfahren und ihre Anwendung, 1986, Seite 217

[8] vgl. Hüttner, Manfred, Prognoseverfahren und ihre Anwendung, 1986, Seite 217

[9] vgl. Umminger, Peter, Qualitative Prognoseverfahren im Produktmarketing, 1990, Seite 27ff.

⇨ die Delphi-Methode mit ihren zahlreichen Unterformen wie Mini-Delphi, Ideen-Delphi, Parallel-Delphi usw., eine spezielle Form der Expertenbefragung, welche vor allem im technologischen Bereich Aufschluss über mögliche Entwicklungen gibt,

⇨ die Szenario-Methode mit ihren Varianten, wo ein explizites Prognosemodell ausgearbeitet wird.

Aus den aufgeführten Einteilungskriterien mit der beispielhaften Angabe einiger Prognosemethoden lässt sich die Vielfältigkeit intuitiver Prognosemethoden erahnen.

In Orientierung an die vorgenannte Einteilung der Prognosemethoden werden im Folgenden drei bedeutende intuitive Prognosemethoden dargestellt.

3.2 Vorstellung ausgewählter Methoden der intuitiven Prognose

3.2.1 Die Analogie-Methode

Bei der Analogie-Methode werden zwei ähnlich strukturierte Situationen verglichen. Ziel ist es, aus der Entwicklung einer Situation eine Voraussage für die Entwicklung einer anderen Situation abzuleiten.

Die Analogie-Methode wird in den folgenden Schritten[10] durchgeführt:

Zuerst erfolgt der Nachweis der Strukturanalogie zwischen den zu vergleichenden Situationen. Diese ist dann gegeben, wenn die Situationen in formaler und inhaltlicher Hinsicht Vergleichbarkeiten aufweisen. Liegt eine strukturelle Analogie tatsächlich vor, wird der Entwicklungsverlauf bei der als Vergleichsgrundlage dienenden Situation analysiert. Im nächsten Schritt wird der beschriebene Entwicklungsverlauf von der als Vergleichsgrundlage dienenden Situation auf die zu prognostizierende Situation übertragen (Analogieschluss). Dabei wird angenommen, dass aufgrund der Strukturgleichheit der beiden Situationen eine analoge Entwicklung erfolgt.

Die Analogie-Methode wird vor allem im Marketingbereich eingesetzt. Als Beispiel[11] soll hierzu folgendes dienen: Bei der häufig herangezogenen Analogie zwischen den USA und Europa wird davon ausgegangen, dass Innovationen und Verhaltensweisen, die sich in den USA verbreitet haben, in Europa eine gleiche/ähnliche Entwicklung nehmen werden, ohne dass geprüft wird, ob die Situation tatsächlich konkret vergleichbar ist.

Problematisch ist, dass nie alle theoretisch möglichen Vergleichsmerkmale überprüft werden können, so dass eine absolute Strukturgleichheit nicht gefunden werden kann. Darüber hinaus besteht keine Sicherheit, dass auch bei theoretisch völliger Strukturgleichheit zweier Situationen Entwicklungen

---

[10] vgl. Umminger, Peter, Prognoseverfahren im Produktmarketing, 1990, Seite 75 ff.
[11] vgl. Umminger, Peter, Prognoseverfahren im Produktmarketing, 1990, Seite 80 f.

analog verlaufen. Der künftige Entwicklungsverlauf ist zum großen Teil nur intuitiv abschätzbar und damit nicht genau.

Das Analogieverfahren ist eine recht grobe Prognosemethode, die jedoch unkompliziert und meist schnell durchführbar ist. Sie kann einen guten Hinweis bzw. Überblick auf mögliche Entwicklungen und Tendenzen geben, bedarf aber zur Absicherung weiterer (differenzierterer) Informationen. Sie wird vor allem bei langfristigen Prognosen und oft in Kombination mit anderen Verfahren eingesetzt.[12]

3.2.2 Die Delphi-Methode

Die Delphi-Methode wurde in der Mitte des letzten Jahrhunderts als ein anonymes Verfahren zur Gruppenkommunikation unter Experten entwickelt mit dem Ziel, ein Gruppenergebnis, einen Konsens, bereinigt von Gruppenzwängen, zu erhalten. Die Befragung der Experten erfolgt dabei mittels eines strukturierten Fragebogens; die Experten selber bleiben während der Befragung und danach untereinander anonym.

Es gibt verschiedene Unterformen der Delphi-Methode, die grundsätzlich alle auf dem Standard-Ansatz beruhen. Unter Bezug auf die Ausführungen von Peter Umminger[13] wird die Grundstruktur dieser Methode erläutert.

Zum Beginn wird eine Projektgruppe (bzw. nur ein Projektleiter) festgelegt, welche für die Durchführung, Koordination und Entscheidungsfindung der Delphi-Befragung verantwortlich ist. Von ihr wird das Prognoseproblem genau herausgearbeitet, möglichst eng gefasst sowie zweckmäßige Fragen (mind. 10 bis max. 50) erstellt. Anschließend werden geeignete Experten ausgewählt (mind. 7 bis max. 100/150) und ihnen die Teilnahme an der Befragung angeboten. Sobald genügend Kandidaten zugesagt haben, wird die Expertengruppe gebildet. Es erfolgt nun die Versendung des ersten Fragebogens an die Experten. Nachdem ihre Antworten eingegangen sind, werden sie ausgewertet und ein statistisches Gruppenurteil (Median, 1. und 3. Quartil) für jede Frage ermittelt. Danach erhalten die Experten einen zweiten Fragebogen sowie als Rückkopplung der ersten Befragungsrunde das statistische Gruppenurteil zu jeder Frage. Nach erneuter Beantwortung des Fragebogens durch die Experten sowie der erfolgten Begründung extremer Urteile (und geübter Kritik an den Urteilen anderer Experten) erfolgt wiederum die Auswertung durch die Projektgruppe. Dieser Prozess wird solange wiederholt, bis eine weitgehende Übereinstimmung der Meinungen der Experten bzw. eines der vorher festgelegten Abbruchkriterien erreicht ist. Ziel ist es, durch den iterativen Befragungsprozess mit der Begründung stark abweichender Antworten Sachlichkeit und Rationalität zu

---

[12] vgl. Gisholt, O., Marketingprognosen, in Umminger, Peter, Prognoseverfahren im Produktmarketing, 1990, Seite 82
[13] vgl. Umminger, Peter, Prognoseverfahren im Produktmarketing, 1990, Seite 82 ff.

erreichen und im Endeffekt eine Übereinstimmung anzustreben. In der Praxis werden 2 bis maximal 5 Befragungsrunden durchgeführt. Das endgültige Gruppenurteil ergibt sich aus dem Median; die Einigkeit der Experten zeigt sich in der Breite der Quartilsspanne. Interessante und überzeugende Einzelprognosen, welche außerhalb des Medians liegen, bleiben dabei nicht unberücksichtigt. Das Resultat wird allen Beteiligten mitgeteilt.

Als Anwendungsgebiete werden langfristige Voraussagen wissenschaftlicher und technologischer Entwicklungen, sozio-ökonomischer und demographischer Entwicklungen[14] sowie die Betriebswirtschaft/Marketing (z. B. Produktplanung[15]/Verbraucherverhalten[16]) genannt.

Konkrete Anwendungsbeispiele[17] sind:

⇨ Entwicklung der Pflanzenbiotechnologie in Deutschland von 1991

⇨ Auswirkungen der Biotechnologie auf Landwirtschaft und Lebensmittelindustrie von 1999

⇨ große deutschlandweite Delphi-Umfrage auf dem Gebiet der Entwicklung von Wissenschaft & Technik aus dem Jahr 1998 mit der Leitfrage: Auf welchen Innovationsgebieten werden in den nächsten 30 Jahren deutliche Fortschritte zu erwarten sein?„Die Bedeutung dieser Methode besteht in der Behandlung komplexer, unstrukturierter und mathematisch nur schwer fassbarer Prognoseprobleme"[18] und dem breiten Band der Anwendungsmöglichkeiten. Sie kann für lang-, mittel- und kurzfristige Prognosen eingesetzt werden.[19] Erwähnenswert ist ihre Eignung für langfristige Prognosen, was jedoch das Risiko in sich birgt, dass nicht vorhersehbare (technische) Entwicklungen ihren Aussagewert zunichte machen.

Die Vorteile des Verfahrens liegen darin, dass aufgrund der anonymen Befragung kein Gruppendruck ausgeübt wird, der iterative Befragungsprozess zur ständigen Überprüfung der eigenen Gedanken und der anderer Experten führt. Problematisch wie bei allen intuitiven Verfahren ist, dass mit der Delphi-Methode nur subjektive Expertenurteile erfasst werden. Deshalb ist darauf zu achten, dass nicht zu wenige Experten an der Befragung teilnehmen, um einer zu hohen Subjektivität entgegenzuwirken. Der fachlichen Auswahl der Experten ist besondere Bedeutung beizumessen. So sollte die Auswahl nicht zu einseitig erfolgen, um der Gefahr vorzubeugen, wichtige Aspekte einer künftigen Entwicklung zu vernachlässigen.

---

[14] vgl. Umminger, Peter, Prognoseverfahren im Produktmarketing, 1990, Seite 89
[15] vgl. Bamberger, I./Mair, L., Die Delphi-Methode in der Praxis, in Umminger, Prognoseverfahren im Produktmarketing, S. 89
[16] vgl. Gisholt, O., Marketingprognosen, in Umminger, Peter, Prognoseverfahren im Produktmarketing, Seite 89 f.
[17] vgl. o. V. (TU München, Wissenschaftszentrum Weihenstephan),Intuitive Marktanalyse, o. A., Seite 5
[18] Umminger, Peter, Prognoseverfahren im Produktmarketing, 1990, Seite 90
[19] vgl. Umminger, Peter, Prognoseverfahren im Produktmarketing, 1990, Seite 89

Jedoch haben Delphi-Experimente trotz allem Für und Wider in der Vergangenheit ein hohes Maß an Gültigkeit bestätigt.[20] Sie ist ein anerkanntes Verfahren.

Zusammenfassend kann gesagt werden, dass mit der Delphi-Methode über Sachverhalte, zu welchen im Augenblick der Prognoseerstellung nur unsicheres Wissen vorliegt, mit Hilfe des Know-Hows von Experten zuverlässigere Informationen über die Zukunft gebracht werden sollen, um Entwicklungen vorauszusehen, künftiges Handeln zu planen und zu steuern und ggf. Gegenmaßnahmen für bestimmte Entwicklungen einleiten zu können.

3.2.3 Die Szenario-Methode

Mit einem Szenario wird eine mögliche künftige Entwicklung und ihr Entwicklungsverlauf zu dieser künftigen Situation beschrieben. Ziel ist es, künftige komplexe mögliche Entwicklungen sowie ihre Entwicklungsverläufe darzustellen, Weichenstellungen vom Jetzt in die Zukunft zu verdeutlichen und die daraus für das Unternehmen entstehenden Folgen zu untersuchen sowie ggf. entsprechende Handlungsweisen einleiten zu können.[21]

Es gibt nicht das Standard-Verfahren, sondern mehrere Ausprägungen der Szenario-Methode. Sie wird in der Literatur häufig in sechs bis acht Schritten beschrieben. Die folgende Schilderung des Ablaufs richtet sich nach den Ausführungen von Peter Umminger[22] und Werner Pepels[23].

a) Zum Beginn werden Aufgabenstellung, Untersuchungsfeld sowie Zeithorizont festgelegt, Informationen über das Untersuchungsfeld gesammelt, analysiert und strukturiert (Aufgaben-/Problemanalyse).

b) Danach werden die externen Einflussfaktoren ausgewählt und die Haupteinflussfaktoren strukturiert und zu Einflussbereichen zusammengefasst. Die Wechselwirkungen zwischen den Umfeldern und dem Untersuchungsfeld werden untersucht (Einfluss-/Umfeldanalyse).

c) Bei der anschließenden Projektion (Trendprojektion) werden für jedes Umfeld bzw. die Einflussfaktoren neutrale, beschreibende Kenngrößen ermittelt und - ausgehend von der Ist-Situation – in die Zukunft projiziert. Für Kenngrößen mit unsicherer Entwicklung werden Alternativen erstellt.

d) Es folgt die Annahmebündelung, in welcher die ermittelten Alternativen auf ihre Widerspruchsfreiheit geprüft und zu Annahmebündeln gefasst werden. Es werden diejenigen

---

[20] vgl. Umminger, Peter, Prognoseverfahren im Produktmarketing, 1990, Seite 93
[21] vgl. Wolf, Enno, Zerres, Christopher, Zerres, Michael, Szenario-Technik, o. A., Seite 4
[22] vgl. Umminger, Peter, Prognoseverfahren im Produktmarketing, 1990, Seite 102 ff.
[23] vgl. Pepels, Werner , Market Intelligence, 2007, Seite 318 ff.

Alternativenbündel ausgewählt, die in sich besonders konsistent und sehr wahrscheinlich, aber auch sehr unterschiedlich sind (Best Case, Worst Case).

e) Anschließend werden die alternativen Entwicklungspfade (Punkt d) um die Entwicklungen im Punkt c) ergänzt, insgesamt auf Konsistenz geprüft und ein Szenario bis zum angestrebten Zukunftszeitpunkt entwickelt und formuliert.

f) Im nächsten Schritt werden Störereignisse ausgewählt und beschrieben, die mit hoher Wahrscheinlichkeit eintreten können, und in die Szenarien eingebaut; Präventiv- und Anpassungsmaßnahmen werden entwickelt.

g) Dem folgt die Konsequenzanalyse mit dem Ableiten von Chancen und Risiken für das Unternehmen.

h) Aus den gewonnenen Erkenntnissen kann nun eine Leitstrategie bzw. können Alternativstrategien für entsprechende konkrete Maßnahmen und zu erstellende Pläne erarbeitet werden.

Als grafisches Ergebnis der beschriebenen Szenario-Methode ergibt sich ein Diagramm, bei dem aus einer einzigen Wurzel, der Ausgangssituation, meist drei Projektionen von Entwicklungen (mehr sind möglich) in die Zukunft entspringen:

⇨ zwei Extremszenarios, den Best Case und den Worst Case, welche die positivste und negativste Begrenzung der Entwicklungsmöglichkeiten angeben, sowie

⇨ die Trendprojektion, die Entwicklung bei Fortbestehen der gegenwärtigen Bedingungen.

⇨ In diese Projektionen können anschließend Störereignisse und ihr Verhalten bei der Einleitung von Gegenmaßnahmen eingearbeitet werden.

Der Einsatz der Szenario-Methode ist vor allem bei komplexen Prognoseproblemen (z. B. Globalszenarien) sinnvoll, die nicht quantitativ analysiert werden können. Mit ihrer Hilfe können mögliche Entwicklungsrichtungen der Zukunft aufgezeigt und Entscheidungsträger für künftige Chancen und Risiken sensibilisiert werden.

Die Einsatzbereiche von Szenarien liegen vor allem in der langfristigen Unternehmensplanung (strategische Ausrichtungen, Innovationsplanungen, Gestaltung von Unternehmenskulturen usw.), ferner bei langfristigen Politikszenarien (Regionalplanung, Wirtschaftsentwicklung, Energie- und Ressourcenplanung, Verkehrsplanung usw.)[24] sowie auch im Krisenmanagement (z. B. Einsatz bei Shell in den 70er Jahren zur erfolgreichen Bewältigung der Ölpreiskrise) usw. Aber auch in der Zukunftsforschung hat die Szenario-Methode eine Bedeutung. So wurde Ende der 70er Jahre ein Szenario für die nächsten 200 Jahre entworfen, das als Worst Case den Neo-

---

[24] vgl. o. V. (TU München, Wissenschaftszentrum Weihenstephan), Intuitive Marktanalyse, o. A., Seite 12

Malthusianismus mit der Folge des Verhungern der armen Bevölkerung und als Best Case eine Wachstumsposition aufzeigt, dass der technische Fortschritt allen Erfordernissen genügt. Daraus ergeben sich bestimmte Folgen.[25]

Die Szenario-Technik ist ein komplexes Verfahren, bei dem die gegenseitigen Abhängigkeiten der Einflussfaktoren beachtet, alternative Entwicklungen ausgelotet und das Prognoseumfeld in die Betrachtungen einbezogen werden. Rückblickend ist es oft leicht nachvollziehbar. Nachteilig sind die subjektiven Einschätzungen, die die Projektion sehr entscheidend beeinflussen und die letzten Endes zur Ableitung falscher Maßnahmen und Konsequenzen führen können.

3.3 Möglichkeiten und Grenzen intuitiver Prognosemethoden

Intuitive Prognosemethoden werden nicht nur in ihrer klassischen Form genutzt, sondern können in modifizierter Art und Weise den speziellen Anforderungen ihrer Nutzer Rechnung tragen. Somit gibt es, wie eingangs erwähnt, viele Ausprägungen von den so genannten Standard-Verfahren oder Grundstrukturen, die in der Arbeit dargestellt wurden.

Darüber hinaus ist es grundsätzlich möglich und nützlich, mehrere Prognosemethoden miteinander zu verknüpfen, sie z. B. vorbereitend bzw. ergänzend miteinander zu verwenden. So ist es z. B. möglich, im Rahmen des Szenario-Verfahrens Expertenbefragungen, Kreativitätsmethoden, Indikatorverfahren, Delphi-Befragungen, aber auch kausalanalytische Verfahren einzusetzen. Ähnliche Kombinationen gelten auch für das Analogieverfahren. Beim Delphi-Verfahren kommen hingegen oft kreativitätsfördernde Techniken mit zum Einsatz. Umgekehrt können die hier behandelten Methoden auch „Hilfsmittel" für andere Verfahren sein, so können sich z. B. das Relevanzbaumverfahren und die Cross-Impact-Analyse des Delphi-Verfahrens bedienen. Kreativitätstechniken hingegen werden meist ergänzend bzw. zur Unterstützung anderer Methoden genutzt.[26]

Daraus ist ersichtlich, dass die intuitiven Prognosemethoden generell vielfältig einsetzbar sind und in Kombination mit anderen (intuitiven) Prognoseverfahren noch bessere, differenziertere Resultate erreicht werden können.

Wichtig ist es auch, einmal durchgeführte Prognosen im Zeitablauf zu überprüfen und aus dieser Erfahrung, insbesondere aus den Fehlern und Ungenauigkeiten, zu lernen und in künftige Handlungsweisen einfließen zu lassen. Je länger der Zeitraum für eine Prognose ist, desto ungenauer wird sie, da weit in der Zukunft liegende Zeiträume schlechter geschätzt werden können als kurz- und mittelfristige. Ereignisse und Entwicklungen, die heute nicht vorhersehbar sind, können eintreten und die Prognose wertlos machen. Da intuitive Prognosen vor allem Langfristprognosen sind, gilt es, sofern

---

[25] vgl. Hüttner, Manfred, Prognoseverfahren, 1986, Seite 252
[26] vgl. Umminger, Peter, Prognoseverfahren im Produktmarketing, 1990, Seite 131 ff.

möglich, ihre Ergebnisse von Zeit zu Zeit zu überprüfen, ggf. zu korrigieren bzw. an die Gegebenheiten anzupassen. Dies trifft vor allem auch für die Prognosen der Unternehmensentwicklung zu, um Handlungsweisen und Aktivitäten besser an der dann neuen Lage bzw. Situation ausrichten zu können.

Die Grenzen der Prognose liegen vor allem in der fehlerhaften Anwendung und Handhabung der Methoden. So ist in erster Linie die Wahl des richtigen Prognosemodells bzw. der Modellkombination für das Resultat entscheidend. Es nützt nichts, eine Prognose noch so perfekt durchzuführen, wenn das Modell dafür nicht geeignet ist. Darüber hinaus ist auch die korrekte Erhebung/Durchführung der Prognose wichtig für ein möglichst realitätsnahes Resultat. Ferner verfälschen Annahmefehler, die durch falsche Prämissen, Informationen und Annahmen über Einflussfaktoren entstehen, das Ergebnis. Fehlerquellen sind jedoch schwer lokalisierbar bzw. nachvollziehbar, und so kann sich ein Lernprozess daraus – sofern er überhaupt möglich ist – schwierig gestalten. Da bei intuitiven Verfahren oft Experten eingesetzt werden, ist hier auch die Auswahl und ausreichende Anzahl dieser entscheidend, um nicht zu einseitige, subjektive und damit unvollständige Aussagen einer Prognose zu erhalten.[27]

4. Schlussbemerkungen/Fazit

Intuitive Prognosen finden – neben ihrem Einsatz in der Gesellschaft, wie zuvor beschrieben – oft im technologischen Bereich Anwendung, darüber hinaus auch im Marketingbereich, vor allem in der Marketingforschung. Es handelt sich bei ihnen oft um komplexe Verfahren und sie können - richtig eingesetzt - gute Hinweise und Informationen auf künftige Entwicklungen liefern.

In den Unternehmen werden sie vor allem im Rahmen der Unternehmensplanung und –strategie eingesetzt und sind damit – im Gegensatz zu quantitativen Verfahren, die auch im operativen Bereich Anwendung finden – eher auf der Managementebene angesiedelt. Durch ihre Informationen können sie eine gute Grundlage für die Entscheidungsfindung, Planung und die Ausrichtung weiterer Aktivitäten sein. Wichtig ist, das sei an dieser Stelle noch einmal erwähnt, die regelmäßige Evaluation der erstellten Prognosen.

Dennoch ist es, auch wenn noch so exakt prognostiziert wird, nicht möglich, die Zukunft genau vorauszusagen. Vor allem bei intuitiven Prognosen liegt die Gefahr nahe, sich zu verschätzen, weil nicht vorhersehbare Entwicklungen innerhalb der längeren Prognosezeiträume eintreten können. Beispiele für solche Verschätzungen gibt es in der Literatur genug. Risiken liegen jedoch auch in der Natur der Prognose und dies sollte bei allem Handeln stets mit bedacht werden.

---

[27] vgl. Pepels, Werner , Market Intelligence, 2007, Grenzen der Prognose

Literaturverzeichnis:

Im Text wird ausschließlich mit Kurztiteln zitiert. Diese sind in der nachfolgenden Literaturaufstellung durch Unterstreichen gekennzeichnet.

Gehmacher, Ernst,
Methoden der Prognose, Eine Einführung in die Probleme der Zukunftsforschung und Langfristplanung, 1. Auflage, Freiburg, 1971

Hüttner, Manfred,
Prognoseverfahren und ihre Anwendung, 1. Auflage, Berlin, 1986

Pepels, Werner,
Market Intelligence, Moderne Markforschung für Praktiker: Auswahlverfahren, Datenerhebung, Datenauswertung, Praxisanwendungen und Marktprognose, 1. Auflage, Erlangen, 2007

Schneck, Ottmar,
Lexikon der Betriebswirtschaft (CD), 1. Auflage, München, 1999

Umminger, Peter,
Einsatzmöglichkeiten qualitativer Prognoseverfahren im Produktmarketing, 1. Auflage, Köln, 1990

QUELLENVERZEICHNIS:

Häder, Michael,
Zur Evaluation der Delphi-Technik,
http://www.gesis.org/Publikationen/berichte/ZUMA_Arbeitsberichte/96/96_02.pdf, Abrufdatum: 07.04.2008, Ausdruckdatum: 07.04.2008

Häder, Sabine, Häder, Michael:
Die Delphi-Technik in den Sozialwissenschaften. Methodische Forschungen und innovative Anwendungen, http://www.qualitativ-research.net/fqs-texte/1-02/1-02review-welker-d.pdf, Abrufdatum: 07.04.2008, Ausdruckdatum: 07.04.2008

o. V. (Technische Universität München, Wissenschaftszentrum Weihenstephan),
Intuitive Marktanalyse, http://www.wzw.tum.de/ml/me8.pdf, Abrufdatum: 27.03.2008, Ausdruckdatum: 27.03.2008

Wolf, Enno, Zerres, Christopher, Zerres, Michael,
Szenario-Technik, http://studentensupport.de/store/product_137_download.aspx, Abrufdatum: 10.04.2008, Ausdruckdatum: 10.04.2008